모래는 지나온 시간을 덮어버린다

* 본문 페이지에서 한 연이 첫 번째 행에서 시작될 때에는 〈 표기를 합니다.

지성의 상상 시인선 043

모래는 지나온 시간을 덮어버린다

박호은 시집

지성의상상

■ 시인의 말

질문으로 가득한 방은
어두운 파도 소리로 가득했습니다.
詩라는 촛대 하나 들여와 노래를 켭니다.
슬픔이 모과 향처럼 환해집니다.

다녀간 모든 것이 슬프지만 빛나고
눈물겨운 기도가 됩니다.

모은 두 손안에 깨어나는 破片
당신입니다.

2024년 9월
박호은

■ 차례

1부

세수를 하면 검어지는 얼굴	19
주인은 쥐덫을 놓는다	20
마음을 빼앗는 늪	22
금호동 1	24
시간의 소리	26
백스윙	28
1월의 앵두나무	29
사과를 노크하면 푸른 멍이 나온다	30
물의 그늘	32
볼타브 강가에 서면	34
작은 여름 하나가	36
미카의 물떼새	38
비양도飛揚島	40

2부

달개비꽃	45
금호동 3	46
금호동 4	48
금호동 5	50
금호동 6	52
금호동 7	54
너도바람꽃	56
이포보 라이딩	58
아를르 포룸 광장의 카페테라스	60
라떼는 말이야	62
이별을 통과하는 모든 것들 속엔	64
호호 손을 부는 저 어리광처럼	66
금호동 2	68
살면서	69

3부

낙장불입落張不入 73
애인 74
사이의 사유 76
방충망 78
함씨 성을 가진 시남 씨 80
사랑이라 부르는 것 82
화장花葬 84
업데이트 중 86
스틸 컷 88
시선 그 끝의 안부 90
타나토스 Thanatos 92
포커페이스 94
연명 96

4부

인연	101
봄봄	104
답이 없다	106
금호동 8	108
불귀不歸	110
스몸비	112
시원始原	114
모래는 지나온 시간을 덮어버린다	116
빨래 단상	118
혼자 깨는 아침	120

■ 해설 | 상처의 꽃, 혹은 시원始原을 향한 노래
　　　-황치복(문학평론가) _ 123

1부

세수를 하면 검어지는 얼굴

우리의 처음은
일출처럼 어둡고
나의 이별은
일몰처럼 환했다

생의 반나절
질문의 빛이 그랬다

길고 질긴 여름이었다

주인은 쥐덫을 놓는다

혀끝의 기름으로 제 몸을 핥는다
발톱을 말아 넣고 뎅그루 구르며
요염한 자태로 눈빛을 쓸어 모은다

단정한 입속에 가시 돋은 혀를 숨기고
켓타워에 앉아 내려다보는 고고함

삶은 항상 곧은 것만이 아니라고
둥근 낙법으로 허공을 꺾는다

우수수 떨어지는 가을을 밟아도 소리가 없다

 마이크에 에코를 넣기 전엔 노래를 부르지 말 것
 사실보다 강한 기교가 필요해

윤기 묻은 울음으로 노래를 부르면
목덜미를 다독이는 손들이 모이지
혀가 닿지 않은 곳의 그루밍
〈

선반 위에 생선은 몰래 먹을 때가 맛있다
쥐도 새도 모르게
프로의 낙법도 때론 허점을 찍고
어둠 속에 유리컵을 떨어뜨려 깨졌다

아이의 발에 피가 흐르고
상처는 스스로 만드는 것이라며
발자국을 지우고 가는 아침

밤 말을 잘 듣는 쥐*는 거슬리는 양심
목덜미를 물어 주인 앞에 바친다
쥐의 목에 비린내가 묻어있다
주인은 쥐덫을 놓는다

* "밤 말은 쥐가 듣고 낮 말은 새가 듣는다" 속담 인용

마음을 빼앗는 늪

정면으로 바라보던 눈빛은 정직했지
눈빛이 길을 잃기 전까지
추파 한 올로 마음을 빼앗는 늪이었지, 너는

측면으로 오는 네 눈빛은 칼의 날
여리고 얇은 예리한 각도지
눈目길이 오다 꺾이는 소리는
텅텅 울리는 겨울 강울음

지독한 고독은 단단한 슬픔을 장착한 검이어서
춤을 출 때마다 사랑하는 것들이 베였어

허욕이 삭발하듯
양날을 돌돌 말은 뱀의 무도
제 피를 허공에 흩뿌리는, 붉은 독배

죽어가는 것을 지켜보는
액자 속에 네가 가장 사랑하는 얼굴들
그들은 네가 화염꽃이 되는 순간에도

설렁탕 국물로 허기를 채우고 있었지

아무렇게나 뱉어놓은 말들은
진실을 찾아 뒹굴고 거짓 약속이
접붙인 가지처럼 서로 다른 꽃들을 피워내지

기억의 소실점은 끝 같은 시작이지

언제고 돌아설 각도였다 해도
그렁한 눈빛이 늪이었다 해도
무너진 그늘에서 웃고 있는
너는 너이어서
사랑해

금호동 1
―수제비 끓이는 아침

가짜 미대생을 재워주고
한 달 생활비를 도둑맞은 날
철퍼덕 주저앉은 쌀독 안에
후회의 구절초만 거룩히 꽂혀있다
　―빌어먹을 동정은 사치였어

집 밖으로 나가는 길은 허공으로 빨려가듯 사라진 지 오래
바깥으로부터 마음이 갇히는 순간의 침묵 속으로

꼬박꼬박 깨어나는 아침이
수제비 국물을 마실 때
핏기 없이 풀어진 수제비
달처럼 부풀어 올라 더욱더 환해지는 슬픔

검불을 엮어 짜낸 듯한
동생의 어깨에 걸린 도시락 없는 가방
어느 행성으로 갔을지 모를 엄마를 배웅하던 비탈길 따라

총총히 걸어가는 뒷모습
허술한 주머니 속,
동전 몇 개가 짤랑짤랑 소리를 내며 따라간다

이상과 현실이 실핏줄을 타고 횡단하는 금호동 산 2번지 등굣길
죽은 엄마가 안녕을 묻는 길

어둠을 반죽해 끓인 수제비에서 구절초 향을 걸러낼 때
늙은 걸인이 내미는 거친 손의 구걸과
잘린 다리를 이은 낡은 타이어에 대한
동정을 버리는 결심이 필요해

빈 쌀독을 들여다보는 멍한 아침이
길 건너 교회당 종소리에 쿵 쿵 부딪혀 울리는
수제비 끓이는 아침

시간의 소리

오소산 능선을 덮는 청초한 하늘을
가버린 시간이 보낸 편지라 읽어도 좋아 다만,
주홍빛 가을에 엉켜 뜨겁던 물결을
쉽게 낡아가는 잊힘이라 읽지 말기

가을은 신의 마지막 긍휼을 입는 빛
첫 키스를 반추하며 아낌없이 붉어지므로
푸른 소나무도 무릎으로 배웅한다

다 써버린 빛깔과 닿지 못했던 그리움의 詩 한 줄을
가난한 시인의 넋두리라 해도 좋아 다만,
내 속에 고이는 눈물을 사치라 말하지 말기

너는, 어떤 이의 눅눅한 마음 밝히려
미완성의 시 한 편처럼 환히 울어준 적이 있나

자기의 고독을 잘라먹어 본 사람은 안다
황금빛 은행잎이 발밑에서 제 그늘을 지우는 일 따위와
그늘과 함께 지워지는 기억에 대해서

〈

이별이라 말하지 않아도 이미 이별인 것으로
잠시 스쳐간 눈빛의 기억
그 잔열로 마흔아홉 번째 겨울을 견딘다

비워낸 자리에 찾아든 먼지처럼
훅, 불면 허공을 만지다 다시 내려앉는
나는 자유롭게 헐거워지는 시간의 소리

백스윙

더듬더듬 못 오는 걸까, 봄
절음절음 뒤돌아보는 걸까, 겨울

나뭇가지의 생살을 찢는 꽃샘추위는
누르다 튕겨 올리는 용천湧泉의 힘으로
꽃 필 자리마다 샘물을 퍼붓는 것이다

서릿발 시샘 벼려 던지면
망설이던 벚꽃이 한방 맞고 피는 것이다
팡팡 터트리다 소낙비 내리듯
푸른 잎 그늘 속으로 내려앉는 것이다

뒷걸음치던 차가운 바람이 뼈를 치던 봄날처럼, 사랑도
백스윙으로 간장을 녹이다
어느 날 심장까지 훅 들어오는 것이다

그 탄력에 놀라 튕겨 나가려 한다면
더 깊게 담기 위해, 너를

한 발 물러서 무릎으로 우는 것이다, 사랑은

1월의 앵두나무
−첫날 정동진 새벽바다

바다 한 입 떠먹고 왔네
가득 차오르는 새벽을 비벼서

무심한 기억을 헤적이며, 몰래
감춰둔 어제를 골라 먹는 재미

어둠과 바람이 밀었다 당기고
밀려오는 오늘에 파도를 섞으며
찰지게 비벼지는 새벽 바다는
어느 날의 너처럼
브레이크도 없이 달려오지

1월의 앵두나무에서 막 태어나는 붉은빛
둥근 것을 깨물면 시큼한 언어가 바다에 퍼지고
너 없는 수심水深에서 네가 부르는 소리가 들리지
네 목소리는 내 눈물과 순식간에 섞이다 사라지지

이별을 위해 끝없이 밀려오는 포말
알싸한 맛의 중독은 쉽게 잊히지 않아
스크린을 자르며 바다를 삼키지, 나는

사과를 노크하면 푸른 멍이 나온다

속눈썹에 걸어둔 너는 잡히지 않는 시간
가끔 사과나무 위로 비가 내리면
사과 꼭지에 하늘이 고이곤 했다

사과가 익어가면
하늘도 홍옥 빛으로 충혈될지 몰라
가을의 이마엔 미열
울지 않아도 붉어지는 노을을 보겠다

닿지 않는 너는 먼 우주의 알갱이
내일을 잃어버렸다는 건 네가 허공이 됐다는 거야
혼자가 아니라는 것은 혼자일 수 있다는 뜻

옥상에 오르면
구름모양으로 그려지는 붉고 둥근 얼굴 하나
잠시의 떨림과 머뭇거림
다시, 너는 멀어져 갈 것을 알면서 떨림이라니

여름과 작별하는 사과의 오후처럼

환하게 너를 보내는 또 하나의 가을이다

가을은 미열
이별의 온도, 차가운 열꽃
사과 꼭지엔 하늘이 고이고

물의 그늘

아파트 입구 덩굴장미의 추파
오월의 정오를 넘어가는 저 붉은 입술

청색 나비 한 마리
화려한 장미 위를 빙그르 돌다가
작은 망초꽃 위에 앉는다
초라함도 죄 같은 개망초의 하얀 귓볼

꽃의 문을 여는 날갯짓
햇빛의 빗살에
나비의 비늘이 반짝인다

저 나비
물의 그늘을 밟고 온
어제의 너 같다는 허상이 스쳤다

어느 바람이 할퀴었을까
나비의 날개에 여러 개의 자상이 그어져 있다
〈

상처의 빗금을 들추면
와르르 무너지는 울음소리

모르포나비는 청색 바람을 물고
다시는 도착하지 않는 시간처럼 날아간다
망초꽃이 허공을 흔든다

빛 웅덩이에 고인 그늘이
고요히 엎드려 있는 휴일

아무도 모르는 물의 그늘

볼타브 강가에 서면

나는
지워지고 사라지는 것들의 주인이 되어서
찢겨진 심장에 하얀 적요를 심는다
잔바람 한 줄에도 흐득거리는 강은
범람의 시절에 대한 정죄일지도 모르지

10월의 프라하 볼타브 강가에 서면, 너는
서녘 끝을 쓸어내리는 와인 빛 노을 사이에 있고
오르트 성운까지 다녀온 묵은 이야기들이
화려한 도심의 강물 위로 떨어진다

이별은 헝클어져 어둠을 훑고 간다

물 위에 떠다니는 저 장미 한 송이 깨어나면
너에게로 기울어지는 마음도 멈출까

사그라지는 어제가 내일을 먹어치우면
오늘은 늘 낯선 백야로 온다
〈

그리움이 혈관을 조이는 소리가 들리는지
찐득한 전율이 허무를 게워 내며
수 없는 자책으로 닦아내던 어제
저물녘이면 돋아나는 붉은 상흔

밤하늘을 마주한 강은 나였던가
기다림 속에 어둠을 열던 행성은 너였던가
울컥거리며 흐르는 강물 위에
흐느끼며 반짝이는 사람, 너였던가

작은 여름 하나가
-모기

어둠을 베고 누운 가을밤
아직 떠나지 못한 작은 여름 하나가
밤새도록 귓가를 배회한다

잡으려 하면 숨어버리고
잊으려하면 떠나지 않는 너처럼

사랑도 아닌 것이
한 번의 키스에 부풀어 오른 속살
욱신거리는 상처가 따뜻하다.

부벼 지우고픈 신열위에
노란 꽃물 머금은 동백 한 송이 피겠다

괭이잠으로 너를 추적하는 밤
흰 벽에 붉게 얼룩진 너의 죽음은
분명, 내 상처의 흔적이겠지

짧은 만남, 긴 시간 욱신거림은

너의 독이 내 안에 지독히 살아 있기 때문이지

눈 시린 새벽, 죽지 않고 깨어나는 따뜻한 상처들

미카의물떼새*
—자식

사랑해—하고 부르면 돌아보는 것들

나의 뜰에서 날개를 틔우는 미카의물떼새
서천 노을을 떼 지어 가르는 도요물떼새

서로 만난 적 없는 미카와 도요는
언제부터 이름을 나누어 가졌을까

뜰 안에 바다를 들이고
허공에 화단을 만들면
우리는 엉클어져 살 수 있을까

아니 저 꽃
이름을 바꿔주고 싶은 미카의물떼새
서천 유부도 해변 철새의 기호를 닮아
이별의 이름을 사랑이라 우기는 어미

날개처럼 올망졸망 늘어나는 꽃잎들
푸른 물을 주면 푸른 깃털을 피우는 뜰 안의 아이

〈
물떼새들은 제 짝을 만나면
허공을 밀고 날개를 편다
내 아이가
그 이름을 바꾸는 시간이 오고

군무처럼 송아리째 날아가는 계절
빈 화단에 꽃의 깃털이 떨어져 있다
껍질이 된 어미

처음을 기억하길

너의 도착하지 않은 미래에
기도를 심는다

* 미카와 치도리(Mikawa-chidori)라고도 불리는 수국과의 수국꽃 이름.

비양도 飛揚島
-애기 업은 돌

비양도는 참 울기 좋은 곳이다

울음 속
소리와 물기를 다 쏟아내고
한 곳만이 마음이라는 기다림의 무량無量
물결로 흩어진 사람을 향해
돌이 된 여인을 본다

등에 업혀 덩달아 울다 소금처럼 말라붙은 애기
천 년의 그리움이 새까맣게 태워버린 부아석負兒石
저 여인 뒤에 서면 나는 저절로 눈물이 된다

그리운 이를 향한 까만 눈빛이 내 어머니 같아서
등에 업힌 저 아이가 나 같아서
대숲을 내려오는 바람 소리가
울지 마 울지 마 하는 거 같아서 눈물이 난다

떠난 자는 있어도 죽은 자는 없는 섬
무덤이 되어 육지로 간 이름들

〈

혹여나
물결이 된 이의 숨비소리 들릴까 기울이던
그리움의 시간이 피워낸 순비기꽃,
그 보랏빛 꽃그늘에 짠 울음소리 흥건하다

순비기꽃과 여인의 눈물이 고여 못이 된 펄랑호엔
밤마다 천 년 전 별들이 날아온다
그 별은 울어본 사람들 눈에만 보인다고 했다

울고 싶을 땐 비양도에 가라
그곳에 가면 솟아 오른 그리움이
검은 눈물로 서 있다

울음이 환한 순비기 꽃밭 너머

2부

달개비꽃

詩들은 풀잎 마디마다 새소리 소란하다

빛의 부스러기 사이를 헤매다
데인 상처로 詩들어 가던 파란 날개
당신이 부르는 소리가
詩냇가에 멈추었다

포르릉 살아나는 마디마다 풀냄새
섧고 아픈 밤하늘이 등에 업힌다
반딧불처럼 깜빡이는 빛의 고요

어두울 때 맺힌 물방울이 아침에 빛난다

詩들은 냇물 소리에
먼먼 당신이 있다

금호동 3
−마흔여섯 내 젊은 엄마

홍옥이 익어가는 가을날
도배를 하던 엄마가
사과처럼 툭 떨어지고 말았다

깨진 사과 속에서 동백꽃이 피었다

엄마의 잔상을 찾아 헤매다 길을 잃은 날은
발등까지 고개가 꺾였다

장에 간 엄마를 기다리던 사거리 버스 종점
사람들은 다 집으로 돌아가고 혼자 남은 저녁

온 동네엔 밥 냄새 모락거리고
내 뱃속에선 자꾸 풀벌레가 울었다

엄마를 많이 닮은 나는
홍옥이 익어가는 마흔여섯에
나도 먼 강을 건널까 두려웠다
〈

흰 벽에 걸린 흑백 사진 속에
엄마의 미소는 가시처럼 아파서
열네 살 명치끝에는
계절도 없이 바람꽃만 너풀거렸다

금호동 4
—슬픔도 사치라서

공동묘지 산비탈에 말뚝 박으면 다 내 땅이었을 때
찬밥 늘린 국밥으로 가난을 밀고 가던 엄마는
거친 생을 다녀가는 마흔여섯의 마침표가 됐다

흑백의 시간이 그늘을 굴리며 간다
날빛보다 더 밝은 곳으로
어린 눈물 밟고 가던 날

풀어버린 손이 미웠다
잡아끄는 울음마저 놓아버린 고요
싸구려 삼베 적삼 두루 말고 비탈 비탈 내려갔다

세상 인연 십삼 년
당신이 가엽다는 첫 생각, 철부지 그 정情이
닥나무 끈처럼 길고 질기다는 걸 그때는 알았을까

뒤돌아보는 눈빛이 있어 마주쳤는지 아닌지
그 마음을 읽어 낼 수 없는
작은 아이도 늙고

기록을 다 훑어도 없는 함시남 그 이름이
내 살 속에 진언처럼 박혀있다

다 타버린 들판에 머리 든 문장들
오십 해 지나 이제쯤 시들 만도 한데
그립다는 씨앗 하나가 무심천 꽃밭을 만든다

수많은 꽃잎 위 당신을 필사하는 나는
펜 끝으로 현을 그으며 그 이름을 연주한다

거기요
들으시나요, 나의 세레나데를

금호동 5
−이별의 부호

저 산 너머가 얼마나 좋으면
곱게 단장한 꽃노을
바람난 여자마냥 바삐도 넘어 가는가
내 엄마도 벽제 어느 산을 오르더니 소식이 없다
그 산 너머에 무슨 일이 있는 걸까

초가을 오후 문득 찾아간 엄마의 뜨락
산국화, 쑥부쟁이, 구절초꽃들과 흐드러져
가을 햇살 등에 업고 반짝이고 있더라

그 은밀한 사생활을 목격하는 순간
유년의 저녁으로 소환되던 건조한 눈물

같이 놀던 친구들 하나, 둘 집으로 돌아가고
혼자 남은 골목길은 붉은 그늘에 지워졌다

속울음 덮고 누운 밤
마음에서 보내지 못한 엄마의 팔을 감고
새우처럼 잠이 들곤 했다

〈
살아 있는 자가 갑이어서
반짝이는 풀꽃들을 모조리 뽑아버리는 효孝
뿌리에 묻어 나오는 익숙한 살냄새가
봉분 뜰에 가득하다

꽃과 살을 섞고 있는 이 찬란한 연애 앞에
헝클어져 흔들리는 애증
오래 꿇은 무릎 사이로 풀꽃 하나 다시 심는다

굳이 해석하고 싶지 않았던 이별의 부호
억지스럽게 버텨온 마음이 모를 리 없다
그날처럼 오늘도 산 넘어가는
오래도록 바래지 않는 저 붉은 노을빛은
그리워 그리워 보내지 못한 남은 자의 마음이란 걸

금호동 6
−눈물 염전

눈물엔 뼈가 없다죠 그럼 무너질까요?

내 눈물 속엔
날카로운 소금의 각이 있어요

소금은 쇠도 삭히죠
서지 못하면 품어 삭힙니다
날이 선 칼날도 조심조심 품어 안으면
언젠가 날이 삭아 붉어지겠죠

당신도 내 눈물을 초유처럼 먹으면
첫사랑의 볼처럼 볼그레 부드러워질 거예요

고집 센 생선도 염장을 하면
서로의 살이 엉키면서 부드러워지지요
중요한 건 믿음이에요
변하지 않도록 절여집니다
소금기 많은 상처는 저절로 아물어 육질의 흉터 꽃을 피워요

〈
무섭든 징그럽든 그건 중요하지 않죠
살아나는 법이 흉터 속에 있는 걸
매끈한 아이들은 눈치채지 못해요

칼날도 절여지면 녹이 열리죠
녹은 결핍이어서 아무리 먹어도 뱃속은 텅 빈 개불이에요
늘 허기지지만, 모든 것을 지닌 듯 불룩하죠
겉모습의 탄성彈性은 잘 염장된 상속이거든요

깊은 수심은 눈물이 불려놓은 바다였어요
슬픔의 염도가 높으면
기억도, 얼룩도, 앞산도 빠지지 않고 둥둥 뜨는
눈물 염전을 아시나요?

금호동 7
−막걸리 연가

아버지는 나를 속이고 나는 아버지를 속이고
나는 진짜를 먹고 아버지는 가짜를 마셨다

모과 빛 양은 주전자를 들고 심부름을 간다
취하기 전의 아버지 입은 잘 익은 모과처럼 단정하다
   −막걸리는 술이 아니여, 음식이지
열두 살짜리 나는 속은 것만 같았는데

언덕길의 갈증은 호기심과 잘 섞인다
주전자 꼭지로 찔끔찔끔 새어 나오는 유혹
궁금해서 한 모금
달달해서 한 모금 또 한 모금

골목이 고등어 굽는 냄새를 핥고 있다
연탄가스를 게워내는 절여진 눈알,
   −나를 보지 마라
불맛을 들인 생선은 대양을 잊어버리고
아버지처럼 허기를 끌고 다닌다
〈

흩어졌던 신발들이 쪽마루 밑에 모여 수다스러운데
엎어진 신발이 고단함을 마저 털어내고 있다

주전자는 마당 수돗간을 지나왔다
아버지는 그놈의 집구석엔 다시는 가지 마라 소리치셨다
    -술에 물을 섞어 팔다니

아버지 어깨에 묻은 어스름
털어도 다 털리지 않는 깊은 수심愁心이
막걸리 두어 잔에 발효되는 저녁이다

도둑이 제 발 저리듯
뜨거워지는 얼굴로 다락방에 숨는다
직사각 창가에 수런거리는 별들 중
아까 먹은 고등어 눈알처럼 충혈된 별이 괜히 슬프다

밤의 적막은 눈물 렌즈 속에 별을 키우는데
멀리서 개 짖는 소리가 별빛에 걸린다

너도바람꽃

겨우내 고요하던 덤불 사이
잔설 헤집고 밀어 올린 여린 줄기 위에
동천에서 울던 별들이 떨어졌어

아픔을 산란하듯
냉기 위에 부려진 키 작은 생명들
숭숭한 바람으로 가득 찬 꽃잎마다
하얀 숨이 파닥거렸어

하늘 한 떼기 얻어 쓰고
하얀 분가루 단장한 바람 든 꽃
봄이 다 오기도 전 씨앗 몇 개만 남겨놓고
눈길 따라가 버린 엄마 닮은 꽃

젖은 기침 소리 이명처럼 들리는
벽제 어느 산 중턱 봉분 위에도
흰 버짐 같은 눈 한 소반 내려 있겠지

지금쯤, 그 산에도

동천에서 울던 별들이 떨어져 있을까
상처 딱지 같은 하얀 꽃이
언 손 비비며 그렁그렁 피고 있을까

이포보 라이딩

구 경춘선
끊기다 이어지는 폐선로를 따라 페달을 밟으면
지치거나 부푼 마음도 함께 다져진다

끝없는 질주로 휘감는 바람
허공을 흡입하는 북한강변의 하늘 끝은
파미르고원 어디쯤 같다

뜨거운 볕이
소나기처럼 쏟아지는 후미개 고갯길
내리막에 천천히라는 표지판이 있는데
오르막에 힘내라는 표지판은 없는 곳

좁은 아스팔트 길 갈라진 틈새로
촉수를 밀어 넣고 있는 풀뿌리들
밟히면서 꽃대를 들어 올리는 민들레가
엎드려 기도하듯 숲의 행간을 잇고 있다

송파나루에서 이포보까지 라이딩

내가 온 가장 먼 거리다

거친 숨소리는 길 위의 비바체
악보 없는 긴 노래다
설렘을 둥글리고 간 하늘 끝에 닿으면
엄마의 치마폭 같은 바람이 펄럭인다

부화 못 한 하얀 알들이 나란히 앉아 있는 이포보 위로
검은 머리 왜가리 떼가 하늘을 헹군다

아를르 포룸 광장의 카페테라스*

밤은
적요의 치마폭으로 하루를 덮는 마침이 아닌
새로운 것들이 출몰하는 자궁일지 몰라

어두워야 비로소 보이는 것이 있음을 알기까지
고흐의 푸른 밤하늘엔 별이 뜨고
아를르 포룸 광장은 밤새 재즈jazz의 체위를 낳지

도시의 어둠은 노랗게 부풀고
와인 향이 진해지는 밤이 내리면
너의 옷자락은 자꾸만 나를 감싸지
   —내 속에서 잠들어 별을 낳아줘

카페 안엔 그랜드 피아노의 음률에 와인 잔이 흔들리지
흔들리는 모든 것은 눈물을 머금고 있어

천 년의 바람이 돌아와 미라 같은 청춘을
세상에 드러낼지도 몰라
돌아가고 싶지 않은 청춘의 사막 어딘가에서

낯익은 목소리가 나를 부르곤 해

붉은 눈빛을 핥고 있는 테라스의 들썩임과
와인 향 번지는 침실의 온도는 무심코 잘 변하지

흔들리며 길을 잃은 눈물의 온도와
그리운 이가 쏘아 올린 별빛의 온도는
따스한 어머니의 양수를 닮아서 늘 스며들고 싶어 지지

표지판 없는 광장은 불면을 앓지
가도, 가지 않아도 되는 노란빛은 자유
무의식의 어둠을 낳지

밤의 차갑고 긴 손가락이
내 머리카락을 쓸어 올리면
스며들 듯 네게로 가지, 아니 네가 오지
우리의 고독 속, 시의 행간 사이로

* 반 고흐의 그림.

라떼는 말이야

작년에 시집온 우리 이쁜이는 서른 살
아주 가끔 집에 오는 각시붓꽃
라떼를 즐길 줄 알며 워드는 잘 치지만
부엌이 낯설어 설거지가 어렵답니다

서른 살 나 때는 말입니다
어머님이 여행 떠나시면
꿀 새벽잠 비비며
아랫동네 시댁에 밥하러 갔습니다

한여름 새벽 볕이 나만큼이나
섣부르게 밝았습니다

조용히 문을 열면
마루에 모여 자는 인디언 형제들
파자마 속 아랫도리만 불끈 깨어있었습니다

연두저고리 새색시 깜냥에
얼굴 가득 비장함을 몰아넣고

태연히 추장처럼 밥을 짓습니다

감잣국과 시퍼런 고추로 밥상을 차립니다

며느리라는 견장이 견인하는 무게에 끌려
하는 것보다 안 하는 게 더 어려운
땡초 맛에 길들여진 나 때였습니다

우리 이쁜이는 이해 못 하는
끈적한 관계가 번화繁華하던
나 때였습니다

이별을 통과하는 모든 것들 속엔

돌부리를 지나는 물소리가 있습니다

한때의 언어는 진실을 등지고
등꽃 빛 깊어지는 환한 여름날
떠나갈 뒷모습을 예감합니다

경계를 넘는 서정의 바깥은
담장 너머 피는 꽃의 향기 같아서
햇살 스미듯 들어옵니다

담장 타기를 좋아하는 능소화
그 향기에 눈먼 밤이 비척거립니다

시작은 언제나 끝으로 기운다지만
끝을 거스르고 싶은 시작은
부풀어 오르는 상처를 키워냅니다

상처는 깊을수록 따뜻해
물집 같은 심장 하나 속눈썹 끝에 맺힙니다

〈

초겨울 햇살에 철없이 핀 진달래도
서리꽃 오는 날 떠날 것을 알기에
사랑인 줄 알았던 자의 울음은 거룩합니다

사랑은 스스로 감옥을 만든다지만
적요가 풀어놓은 긴 밤을 건너온
고독이 누리는 자유는 가장 아름답습니다

바보로 살던 시간들이
선물이었음을 아는 것은 조금 슬픈 일입니다
이별 후 커져버린 여백에서
바보의 우주가 생겨납니다

호호 손을 부는 저 어리광처럼

집으로 돌아오는 길
플라타너스 나무 사이로
뿌연 눈발이 바람의 그루브를 탄다

잡힐 듯 말 듯 날리는 너
흔들리는 시선 끝에
문득 우울이 울음으로 읽힌다

흩어지는 하늘 떠다니는 얼굴 사이로
언뜻언뜻 비치는 도요새의 날갯짓은
긴 겨울밤을 앓은 누구의 언어일까

기도는 늘 새롭지만 가끔 네 어깨가 필요해
빨간 남천 열매가 밤새 내린 하얀 눈에 안기어
호호 손을 부는 저 어리광처럼 나도

가끔 벙어리도 노래를 해서
아름다운 꽃을 피우기도 한다는데
詩는 동면에서 깨어날 줄 모르고

너는 낱낱이 흩어지는 문장

백지 위에 집을 짓는 일
미완의 페이지는 백야에 자라고
혼자도 좋은 여행에 흰 눈이 내린다

금호동 2
−첫 기일

기울어진 달빛이 창에 부딪혀 깨어진다
수백 개의 조각이 온몸에 박혔다

붉은 피의 파편(破片) 속에 수천 개의 눈
찢어진 살 속에서 짠 눈물이 솟았다

슬픔을 들킬까 애써 눈을 감았지만
속눈썹 아래서 달빛이 젖고 있다

이미 수천 리는 갔을 걸음이 되돌아오길 바라
거미줄 낀 창문을 열었다

엄마의 잔기침이 묻어있던
벽지 한 켠이 풀기를 잃고 흔들린다

바람을 타고 온 무덤가 국화 향기보다
동생의 손에 남은 젖 내음이 더 슬프다

벽시계 초침이 벽제 훈련소 총소리처럼 크게 울리고
깊이를 알 수 없는 어둠이 밤새 내렸다

살면서

꽁꽁 숨겨둘 거 하나쯤 있어야지

문득
집에 두고 나와 자꾸 생각나는 거 하나쯤 있어야지

혹시나
잘 있는지 깊이 숨겨둔 곳을 되짚어 보는
불안한 재미 하나쯤 있어야지

가끔은
밋밋한 손가락에 반짝이는 약속을 떠올리며
속없이 히죽히죽 웃을 수도 있어야지

살면서
가난한 집 장롱 깊은 곳에 숨겨진
금가락지 같은 사랑 하나쯤 품어야지

3부

낙장불입落張不入

*

산동네 첫 붉은 벽돌집은
아버지의 자존심이었다
온갖 시샘 총알받이로 너덜해진 몸
손수 지은 이층집 옥상에 매달려
삶의 고단함 취기로 객기 부리다
스르르 패를 놓아버린 손
끝내 추풍낙엽 된 그 낙장落張

*

수천 쪽의 흐트러진 퍼즐 맞추기 위해
수없이 밤을 지새운 A4
가끔은 쓸쓸하고
더러는 만삭되지 못한 활자들
부끄러운 알몸이라도
그리운 것들에 가닿으라고 떠나보낸 내 언어들

애인
-S20 +5G

너와 나는 해제되는 중이다

놓치는 실수로
애인은 대리석 바닥으로 곤두박질쳤다
처음 만날 때의 울렁임이 액체처럼 흘렀다

불면의 밤, 네 몸에 수찰手札 하다가 잠이 들곤 했는데
정작 우리의 이별에 대해선 쓰지 못했다

우리의 은밀한 내력은 잔병殘兵처럼 떠돌고
사랑은 유쾌하게 깨어지기를 전제하는 걸까

깨어진 틈으로 깊고 오래된 노래가 들릴 거 같다
너를 따라 부르던 노래가 공중에 무늬를 만든다

우리는 여행 중
조금 전 너와 함께 나온 호실 번호가 생각나지 않고
SOS를 칠 친구의 전화번호도 기억나지 않는다
너 없인 아무것도 할 수 없는 나

〈

분리불안으로 떨고 있는 내가 할 수 있는 일이라곤
싸늘한 네 옆에서 정물처럼 앉아 있는 일

깨어지며 수십 개의 각을 가진 네 검은 눈이 나를 올려보며
가끔 비의 얼굴로 인사를 하는구나
잘 가, 내 애인

쫓기지 않아도 추적하는 파놉티콘[*]
나를 조정하던 사각의 클라우스, 너를 보내는
오늘, 더 큰 감옥이 대기 중이라면?

다음 애인은 AI?

* 원형 감옥에 나타난 감시의 원리, 또는 그것.

사이의 사유

우리는 빗소리로 지어진 집이다
소리로 살아 있다가 고요로 뒤척이는 세계

커피 향을 움켜쥔 창문과
빗소리를 사랑하던 시간이
권태로 끓어오를 때
주전자 물은 모두 구름으로 돌아갔다

네가 비등점을 지나가는 동안
투명한 물방울들이 울음소리를 냈다

지상의 창문이 그리워지면
끓는 빗소리로 돌아올 거라고
아주 간 것이 아니라
잠시 자리를 바꾼 것이라고
했다 너는

그 사이
새까맣게 타버린 주전자 바닥

닿는 순간 존재하는 빗소리가
깨어지기를 두려워할 때
우리는 가뭄처럼 갈라지고 있다

방충망

말 잘 듣는 말랑한 나는
수만 개의 문을 가진 문을 닫고
절대 들어 와선 안 될 것을 생각한다

나는 잠이 들면 모르는 일이 될 거니까

뾰족한 입을 가진 너만 안 들어오면
살 거 같았는데

밤을 달리는 굉음의 차 소리
짝을 찾는 매미의 울음소리는
잘근잘근 부서지며 잘도 들어온다

내 귀는 왜 내 편이 아닐까,
오면 오는 대로 받아들이는 귀 때문에
여름밤이 하얗다

소리를 담으며 커지는 귀
귀는 아마도 여름밤에 자란 것 같다

〈
수만 개의 문을 가진 문을 통과하는 소리들
소리가 소리끼리 수군거려
뒤척이는 침대 위는 소란스럽다

문이 없는 문을 닫자 소리들이 창에 부딪친다
저 문은 내 편일까

나는 문안에 갇힌 줄도 모르고

내게로 오는 것을 내치지 말라는 엄마의 말을 생각한다

함씨 성을 가진 시남 씨

온 세상 기도를 모아 국을 끓이고 싶다
한여름에도 가슴 시린 여자를 위하여

목구멍 살을 찢으며 뿜어내던 붉은 소금
울컥울컥 올라오는 죽음의 노크

늦 동백처럼 저물어가던 숨결
송아리 째 떨어질 위기를 움켜 든 체
죽음이 오는 소리를 어찌 견뎠을까

어린 자식 여럿 두고 가는 함씨 성을 가진 시남 씨
숨의 절벽 끝에서 남기고 싶은 말 한마디는 뭐였을까

두꺼운 성경을 메고 오르던 언덕길
새벽 골목마다 심어놓은 무성한 잔기침
숭숭 뚫린 가슴이 모은 염원의 두 손
움푹 페인 쇄골뼈 안으로 고이던 어미의 무게

하늘을 향하여 동그랗게 뜬 눈
입술 위 동백꽃 함빡 풀어놓고 죽은 그녀

〈
입안에 욱여넣던 소금* 삼키기 힘들지 않게
봉분 위 속절없는 햇살 한 줄 꺾어
맑은 소금국을 끓이고 싶다

부뚜막 기침 소리 이명처럼 불쑥 찾아들면
참기 힘든 재채기 같은 그리움
슬픔은 유통기간도 없이 소금꽃을 피운다

나의 가을이 붉어지는 건
목쉰 여름이 때 없이 찾아와 울었기 때문이다

함씨 성을 가진 그녀를 위해
나는 동백보다 진한 소금국을 끓인다

* 목구멍으로 피가 역류해 숨이 막힐 때 피가 엉기는 것을 막기 위해 소금을 삼키는 민간요법 중 하나.

사랑이라 부르는 것

움푹움푹 기억이 고여 있는 한강 변
들국화 그늘이 떨군 흔적을 줍는다

새벽 서리가 서걱대며 풀빛을 갉아먹고
가을 새 떼 강물을 지나며 저물어 간다

하나의 계절도 머물게 하지 않는 신의 눈

이른 봄날 불쑥 터져 나오는 생강나무꽃
계곡을 쓸며 내려오던 여름 물소리
가을날 붉은 상처도 시간 속으로 숨다
하얀 눈 속으로 지워질 것이다

뿌리가 쏘아 올린 꽃의 신음을
우리는 사랑이라 부르며
해독되지 않은 상처에 취한다

독이 퍼지는 속도를 먹으며
지독한 사랑에 중독된다

〈
짙은 향
계절 속으로 사라지는 열꽃, 쓱
놓아버리자
울컥, 하늘로 솟는 이별

속눈썹 끝에 머물다 흩어지는 얼굴

해독되지 않는 향기
머물지 마라!

화장花葬

빛의 그림자를 밟고 어둠이 걸어온다

도시로부터 내몰린 그에게 귀농은
혼자 남겨진 새벽어둠 같은 것

모든 안부는 부재중이다
아내와 아이들은 접근금지
월평리 아버지 집은 싸리꽃만 만발하다

소리와 바람이 겨울처럼 어둡다
그가 스스로 빛의 스위치를 내렸는지
빛으로부터 버려졌는지 알 수 없지만
그가 걷던 길은 언제나 어두웠으므로
모든 길은 그의 것이 아니었으리라

고독의 끝을 잡던
위태로운 일상이 생의 동맥을 긋듯,
허무에 갇힌 육신을 스스로 지운다
〈

사나흘 전쯤이었을까
요양원 치매 어머니께 안부는 전했을까
어차피 당신의 기억 속에 사라진
아들이 세상에서 지워지고 있다고
삼대가 살던 누옥에서
흰 꽃의 먹이가 되고 있다고

담장엔 연자줏빛 싸리꽃이 한창이고
방안엔 하얀 싸리꽃이 만발하다
무럭무럭 살을 찢으며 피어나는 하얀 벌레들
죽어서야 꽃을 피우는 사내

밤새 사랑하고 아침에 버려지는 농담처럼
스스로 끊어버린 허접한 육신이 가볍게 간다

빈 술병이 절을 올리는 삼복三伏의 어느 날
상여에 꽃 달듯 온 방을 채우는 흰 꽃들
화장花葬중인 아버지의 집이 환하다

업데이트 중

활짝 웃던 순간이 슬라이드 되고 있는 화면 속
지워져 가고 있는 것을 모르는 나는
여전히 우리라고 믿었다

오랜 믿음은 눈을 멀게도 하지만
눈 속에 가시는 언제 돋아났을까

사소한 것을 확대하는 두 손가락 사이는
공평을 잃고 한쪽으로만 쏠린다

입을 확대하자 쏟아져 나오는 독설
어깨를 감은 저 손의 온도
언뜻 스치는 추억에 눈이 따갑다

말은 덩굴식물을 닮아서
닿는 곳마다 칭칭 감아버린다
우리는 칡꽃 향기를 참 많이도 따라다녔는데
오해는
잘린 곳에서 다시 뿌리를 내린다

〈
만질수록 금이 가는 얼굴들
우리라는 단어로부터 튕겨 나온다
인연에도 유통기간이 있다는데
변한 맛은 토해버리면 되지만
변한 마음은 삭제할 수 없을까

줌으로 받은 싸늘한 표정
서로 다른 언어로 번역되는 어학사전은
휴대폰에 내장된 어플로는 해석이 불가하다

수십 년의 우정은 삭제되고
꺾이는 모든 것들은 모서리가 생긴다

모서리를 핥는 혀에 붉은 피가 비웃음으로 흐른다
40일 기도를 끝낸 뒷모습이다

스틸 컷*

초저녁 개밥바라기 연한 빛이
부풀어 오른 달항아리를 채운다

풍물시장에서 모셔 온 달 한 덩이
가마 속 임계점을 둥글리며 마당에 앉았다

달 아래 달 속의
젊은 엄마 같은 달이 뜬다

동생의 젖이 가득 찬 두 개의 달항아리
헐거운 티셔츠 속을 훤히 비치던

마당에 떨어진 달빛이 부스럭거린다
심심한 왜가리 달빛 한 조각 물고 날아갔다

밤하늘로 옮겨간 달항아리
오십 년 만에 스틸 컷을 보낸다
오래된 그녀가 젊게 웃고 있다
〈

그럴 줄 알았어
그곳은 시간이 더디 간다더니
나만 무럭무럭 늙어가는 거야

태양과 마주치면 눈이 먼다는데
달은 오래 볼수록 맑게 부푼다
달의 껍질을 살짝 벗기면
달 속에 왜가리 튀어나와 달항아리를 쏟는다
순간
긴 상흔을 당기는 웜홀
닫히지 않는 문을 열면
숨어서 엿보는 달항아리
꿈속의 마당이 훤하다

* 영화 필름 가운데 한 컷만 골라내어 현상한 사진.

시선 그 끝의 안부

이른 봄 진달래 능선에 두었던 배낭 주머니에
개망초꽃이 피었습니다
바람결에 도둑 승차를 했나 봅니다

양떼구름 가득 피어있는 고려산 하늘에
분홍 꽃잎이 떼 지어 날던 날이었습니다

투명한 잎에 햇살 스며든 진달래를 좋아했는데
남이 보거나 말거나 개갈 없이 흔들리는 개망초꽃이
라니

바람을 버티다 찢긴 마음 들킨 듯
땡볕 아래 진달래처럼 화끈거렸습니다

가슴속에 가득한 울음의 씨앗은
무화과꽃마냥 속으로만 핍니다

먼 바다 끝 흰 구름 한 점이
낡은 치맛자락처럼 너풀거립니다

눈에 익은 엄마의 옷은 쉽게 찾아집니다

배낭 옆구리에 삐죽이 손 흔드는 망초꽃이
나와 같은 곳을 바라보고 있다는 것을 알았습니다

기억을 지우는 바다
거기 먼 곳의 안부를 묻지 않겠습니다
개망초가 개갈 없이 흔들릴지라도

타나토스 Thanatos[*]

암컷 항라사마귀가
오도독오도독 수컷의 머리를 먹는다
꽃처럼 피어날 새끼들을 생각하며
헐떡이는 수컷을 세상에서 잘라내고 있다

심장이 잘려 나가도 수컷은 더욱 격렬해지고
단 한 번의 정사를 위한 타나토스
수컷의 그림자까지 삼켜버린 암컷이 초록 속으로 날
아간다

TV를 끈다
잠에 빠진 방이 어제를 건너고 있다
내 안을 떠돌던 페로몬도 책갈피에서 잠들었다
남편의 코 고는 소리가 거슬리지만
저 소리까지 먹어버리면
고요에 심장이 베일 거 같아 그냥 두기로 한다

숨소리가 떠돌다 초침 소리와 부딪치고
잠시 사랑했던 순간들이 스쳐간다

〈
상실증을 앓는 가물한 기억들
어제 나는 살아있기나 했을까
밤의 터널을 지나 새벽이 오는 거리
말랑한 초록을 지나온 시간 후진은 없다
밤새도록 기억을 헤집는 불면이 차다

선잠을 다독이는 미명이
긴 손가락으로 내 머리카락을 쓸어 올린다
소름이 돋았다
아직 몸에 돋는 것이 있었다니
살아있었구나

나는 이제 새벽이야

* 자기를 파괴하고 생명이 없는 무기물로 환원시키려는 죽음의 본능. 프로이트의 용어.

포커페이스[*]

차게 식어버린 마음이 등을 긋고 돌아섰다
그 피의 무게가 물살을 따라 제멋대로 갈 라 진 다

비양도 대숲 향기에 얼굴을 부빈다
머리칼을 걷어주는 바람의 울먹임은
너를 놓아주라는 신호

단단히 움켜쥔 줄 알았던 믿음은 모래알
헐거운 거품도 때로는 따뜻해
서로의 향기를 깃들이며 비밀을 나눠 갖기도 했는데

바닷새가 절벽을 즐기듯
벼랑을 잡던 손이 날개였다면
추락은 얼마나 달콤하고 짜릿할까

함부로 즐기던 것들이 말랑말랑하게
우리를 삼킬 때

말을 견디는 일에 골몰하던 골목길

우리는 처음부터 상처 속으로 걸어가고 있었을까

휘몰아치는 물살에 휩쓸리지 않으려면
잃을 것 없는 마음을 갖는 것이라지
좀 더 미끄럽게

서쪽 바다 끝 지는 해 물그림자가 퍼친다
환호하는 순간이 불러오는 어둠
막을 내린 무대처럼 수평선은 사라지고
우리의
앙코르는 다시없다

더없는 슬픔이여
끝없이 밀려오라
모든 것이든 아니든

* 속마음을 나타내지 아니하고 무표정하게 있는 얼굴.

연명

오늘 밤은 네가 옆에 있거라는 말씀을 뒤로하고
출근을 이유로 집으로 왔다
그 질긴 후회를 예상 못 한 채로

생의 막을 내려야 할 때
혹시라는 기대는 남은 자의 손짓일 뿐

자유롭게 사라지는 노을은 얼마나 평화로울까
마지막 말과 이별의 눈빛을 다 놓친 후
겹겹의 플라스틱 줄에 걸린 목숨

독거하는 중환자실
물풍선처럼 부풀은 아버지의 몸
저 거푸집 속, 오색의 약물들이 술렁술렁
몸집을 불리고 있다

머리맡 정지한 모니터가
평행의 경보를 울리고
숨 조각이 호흡기 속에 뿌옇게 어려있다

아버지의 마지막 신열
입으로 흘린 눈물이다

휠체어에 쏙 들어갈 만큼 말랐던 아버지
목구멍을 함부로 뚫지 말라고
호령을 하시며
커다란 장군이 되어 중환자실을 나가신다

4부

인연
—아들 결혼 축시 2021.10.16

사랑한다 말하기 전에 가슴이 먼저 아는 오늘
서로를 바라보던 설렘의 처음 같은 날,
벅찬 감사가 하르르 쏟아져 온 누리에 가득하여라

이 세상에 단 하나뿐인 인연을 만나
하나님과 귀한 분들 앞에서 화촉을 밝히니
이보다 복된 날이 또 어디 있으랴

오랜 시간 다짐한 언약들이
꽃이 피고 향기 내어 결실되는 이 순간,
이제 둘이 아니요 한 몸이니
하나님이 짝지어 주신 것을 사람이 나누지 못할 것이라[*]

이제 두 사람은
봉숭아 꽃물 스미듯
서로가 서로에게 곱게 물들어가며
두 사람 꼭 닮은 아이 웃음소리
다복다복 키워 가리라
〈

그러나 함께하는 여행 중에는
눈물겨운 비바람을 맞기도 하리니
그럴 때마다 오늘 서로의 손가락에 끼워준 반지처럼
그렇게 둥글, 둥글 믿음으로 살아가노라면
이 한 세상, 사랑하기에도 짧지 아니하랴

이토록 아름다운 10월의 신랑 신부여
천사도 흠모할 만한 사랑의 승리자여
부부라는 인연으로 돕는 배필이 되었으니
서로서로 가슴에 품어주며
다독다독 행복하시라
두고두고 사랑하며
내리내리 또 사랑하시라

오늘, 이 복된 언약의 문을 열고
둘이 함께 떠나는 인생 여행길,
내딛는 걸음걸음마다
하나님이 함께하시길 기도하리니
〈

사랑하는 성모, 사랑하는 효정
축복하고 또 축복합니다.

* 마가복음 10:1-16.

봄봄*

김유정역 금병산은 늦겨울도 봄이다
올괴불나무꽃이
겨울잠에 깨어 눈 비비며 맞는다

실레마을 표지판은 과거로 들어가는 문
점순이 엉덩이 같은 둔덕을 오르면
모든 수상한 것은 새의 울음소리로 쑥덕인다

푸르스름한 산의 정맥이 돌 듯
살얼음 풀어지는 소리에 눈을 뜨는 금병산

약속이란 말속엔 거짓이 숨어 있다
구름을 움켜잡듯 잡히지 않는 사랑은
작가의 마음 어디쯤에서 꺼내온 걸까

들병이들 넘나들던 숲길은 책갈피
걸음걸음 페이지를 넘기며 봄을 읽는다

생강나무꽃은 가난처럼 맵다

겨울을 지나온 사람의 눈이 젖은 이유이다

늦게 도착한 눈발이
오래된 책 속의 문장처럼 내린다

길섶마다 심겨진 당신은 편집중
노란 동백이 마지막 페이지에 노을을 푼다

산골 작가의 생애 같은 짧은 3월의 오후
급히 오른 정상은
더 빠른 에필로그가 기다렸을까

문장의 후예
동백이 봄을 낳고 간다

* 김유정의 단편소설 제목.

답이 없다

전세사기로 거리에 나앉게 됐다는 친구
떨군 고개 뒤로 굽은 목덜미
엄마 손을 놓친 집 잃은 아이다

살아있음을 깨닫는 아침은
하데스와 입 맞추는 것이라며
근육이 다 풀린 입술에서 새어 나오는 숨비소리

돌멩이를 궁굴리듯
말을 더듬는 맘을 알 것만 같지만
묻지 못한다 어차피 답을 줄 수 없으므로

한두 사람쯤 죽어도 좋은 부채는 쌓이고
별도 되지 못하는 사람들의 눈물로
빙하가 녹아내린다

갭투자는 개투자 갭이 없는 것도 모르고
흐르는 물살에 둑을 쌓지 않았다면
입 큰 매기 떼가 난전을 펼치지 않았으리

〈
무일푼으로 수백 채의 집을 소유할 수 있는 마법
먹이 사슬로 풀어놓은 덫에 발목이 잘린 언니

가출이든 출가든 나가야 할 때
절뚝거리는 어깨가
흔들려야 무너지지 않는 출렁다리처럼
안간힘으로 흔들린다

하필 왜 이 시절에 살고 있는지
하필 왜 총알을 맞았는지
하필 왜 비는 상처를 후비며 계속 내리는지

일몰 직전의 그림자 길이만큼
긴 절망을 둘둘 말아 쥐고
멍하니 앉아 있는 도시인의 답안지엔 답이 없다

금호동 8
−페르소나persona*

배꽃이 환한 압구정 건너편
길 잃은 열네 살의 내가 서 있다

강가가 훤히 보이는 금호동 이층집
손을 뻗으면 손안으로 강물이 고였다

아버지 보내고
엄마는 아버지의 풍경인 양 저 강을 건넜다
둘의 마음이 처음으로 통한 반전이다

결핍의 방에 갇힌 아이
바깥은 늘 사나운 어른 소리가 들리는 얼음의 세계

 엄마와 살던 방은 늘 따뜻했고 아직도 그럴 거 같아서 언 발을 들여놓는 순간, 미끄러진다. 쉽게 휘발되지 않는 엄마의 살냄새가 방바닥에 흥건했으므로

두려움과 출렁임이 멀미를 몰고 오는 밤
어둠은 오래전 죽은 엄마의 강물 같아서
그 품에 잠기면 다시 깨어날 수 없는 별이 될지도 몰라

어둠은 담장 안 무화과꽃보다 깊다

바깥 온도가 몇 도쯤 자라면
축축한 날개를 펼 수 있을까
생채기들을 안을 수 있는 팔은 다 자랐던가

내가 나를 앉고
작은 가슴을 허세로 부풀린 복어처럼
아무렇지 않은 척 춤을 춘다

가쁜 숨을 비척이는
열네 살의 가면 무도회
두꺼울수록 편안한 페르소나

큰 유리 구두에 작은 발을 맞춘다
스탭step은 쉿!
안단테, 안단테

* '가면'이라는 뜻을 가진 라틴어.

불귀 不歸

서로의 우주라고 믿었던 시간이
너라는 별을 총총히 걸어
마음에까지 닿았던 때가 분명 있었던가

서로의 언어들이
영혼을 훔쳐내던 시간 밖의 시간들

최초의 유혹을 받은 이브처럼
에덴의 차오르던 탐욕의 문장들이
마음에 이르러서 조각난 페이지를 쓴다

도심 어느 구석진 조명 아래서
죽은 가수의 노래를 듣는다

금요일 저녁에 도착하는 이야기들이
서로의 무덤이 되는 것을 아는 것은
긴 시간이 필요하지 않았다

시간이 죽고 빛이 죽어 밤이 깨어난다

〈
지구 한 바퀴를 돌고 온 새벽은
어느 별에서도 네 울음을 찾지 못했다고 한다
혼자 울었던 시간이 웃는다

서로의 우주라고 믿었던 착각
영원과 우주는
늘 먼 거리에 있다며 사라지는 너
문득 찾아온 이별이 낯설지 않아 슬픈

스몸비*

지하철이 마포대교를 지나고 있다

앉고 선 사람들을
스마트하게 끌어당기는 사각의 창
무의식적으로 빨려드는 알고리즘의 푸른 늪

저 무리를 조정하는 파장의 힘은 어느 영역일까

한 번도 머리 들어 본 적 없는 가로등처럼
단단하게 고정된 저 진심들
푸른 파장을 리본처럼 달고 있다

악성 댓글을 흡인한 한 남자의 눈빛에 파동이 인다
한 번쯤 생각해 보는 죽음이라는 자유
머리 들어 풍경을 보는 것도 결심이 필요할 때
스크린을 돌리듯 창밖은 빠르게 감긴다

바닥을 친 사람들이 가장 많이 찾는다는 마포대교
언제의 추모인지 모를
난관을 잡고 있는 검은 리본이 벼랑처럼 흔들린다

〈

순간을 끌어내리는 폰 안의 세계
살고 죽는 일들이 사소하게 모였다 흩어진다

단절이라는 투명한 벽은 익숙한 지 오래다
나 외는 모두 사소한 것
개인 정보 보호는 개인의 것이므로

그 옆 사람의 옆 사람 또 옆 사람의 앞사람들이
ㄱ자 목으로 숏폼**에 빠진다
눈을 뜨고 꿈을 꾸듯
파장의 지배 아래 줄지어 엮여 있다

영혼까지 탈탈 털리고 말 중독
내 손안에 블루 라이트

* 스마트폰(smartphone)과 좀비(zombie)의 합성어다.

** 평균 15~60초, 최대 10분을 넘기지 않는 짧은 동영상으로 제작된 콘텐츠.

시원始原

나의 바깥에 서서 물의 안쪽을 들여다보면
내 우울을 다독이는 집이 있다
그 감각에 스며드는 따스함

어둡지만 밝고 벗었지만 부끄럽지 않은
아직은 내가 아니던 감각의 분열 중인 나는
시작되었다 더 안전한, 하나의 육체
첫 관계의 순간으로 이끌리던

머리와 꼬리가 모호한 강처럼
아무것도 아닌 듯 무의식으로 흐르는 평온
둥글게 말은 몸이 발화하던 나의 첫 집

완전한 내 편이 간절할 때, 나는
바다를 유영하다 회귀하는 연어처럼
다시 돌아갈 암호를 타전하지만
사라진 주소, 껌뻑이는 그리움

소멸하지 않아도 만질 수 없는

나의 최초의 사랑
피의 시원이었던 궁(宮)을 가지고
지금쯤 어디까지 가셨는가

어머니

모래는 지나온 시간을 덮어버린다

가라앉기를 좋아하는 침묵을 들춘다
새벽 2시의 무게에 눌려있던
고추씨들이 튀어나와 눈을 찌른다

눈, 입, 귀는 꼭꼭 묶어 두라는 말씀을
신앙처럼 가꾸며
가끔 햇살 잘 드는 쪽을 찾아 젖은 옷도 널었다

거절 못 하는 습성은 평화의 잘못된 모호성

사용되는 것에 익숙한 마우스
누르면 바로바로 주문되는 키오스크
터치 터치 기껍고 사랑스런 메뉴들, 결제는 무료

구부렸던 무릎을 펴면 모래가 새어 나온다
허물기 좋은 비율의 오류
모래는 지나온 시간을 덮어버린다

창 없는 여름이 오래 지나갔다

이제는 눈빛만 터치되어도
몸이 먼저 나간다

좋은 게 좋다는 말
묻어간다는 말이
벗고 싶어도 벗어지지 않는 그림자가 된다

빨래 단상

얼룩지고 더럽혀진 허물
혼자서는 서지 못하는 것들
언제부턴가 빨래는 빠는 것에서 돌리는 것으로 돌았다
눕거나 엎어져서 부둥켜안고 돈다
좌로, 우로 돌며 리듬을 탄다
원 투, 원 투 어깨와 허리를 감으며 엉킨다

아랫동네 김씨 부인도 참 잘 돌다 집을 나갔다지
희고 검은 것들이 모두 한통속이다

도는 것이 싫증 날 때쯤
엔딩 멜로디가 권태를 깨운다
결혼이란 것도
일정 기간이 지나 엔딩 알림이 있다면 하는 생각이 스쳤다

매끄러운 거품이 다 빠지고
한 덩이가 되어 딸려 나오는 피륙
비집을 틈 없이 단단하게 뭉친 모습이 마음이라면

애당초 이별이란 말은 생기지 않았겠다

흔들어도 쉽게 풀리지 않는 손과 발들
꼬집고 달래서 겨우 푼다

60분 뒹굴어 결집된 힘이
60년 함께 산 부부의 주름살처럼 꼬깃꼬깃하다
한쪽을 잡고 힘껏 턴다
아직 덜 흘린 눈물방울이 튕겨 나오고
실웃음처럼 엉키던 것
절대 떨어지지 않겠다고 다짐하던
찌꺼기들이 제각기 날아다닌다

혼자 깨는 아침

새벽은 허락 없이 밝아와
어슴푸레한 빛이 창안을 더듬는다
작은 빛에도 고독은 새파랗게 돋아나고
텅 빈 방 습관처럼 TV를 켠다

흰 벽에 남편 영정사진을
올려다보는 구순의 미망未亡이
활처럼 굽게 앉아 있다
백일 공복을 지난 듯한 움푹한 눈에 가득 고인 그리움

가끔 무의식중 몽유하는
당기지도 밀지도 않는 멍한 시선의 실루엣

언제처럼 아무렇지 않게 돌아올 거 같아
현관 한 번 돌아보고
금방이라도 잇몸을 보이며 웃어줄 거 같아
고맙다고 못 한 말이 새삼 미안하다

전장戰場의 폭격 소리에 떨리던 밥상

판잣집 방으로 숨어드는 가난을 견디던 연민들
식탁 위 수저 두 벌은 끝내 잊지 않겠다는 다짐이다

언제일지 모를 그날이 오면
이천 호국원 봉안당 그 옆자리
한 줌 가루로 가닿을까
나란히 마주 앉아 아이들 얘기로 밤을 지새겠지

물끄러미 내려다보는 남편의
눈동자와 마주치는 곳에서 안개가 핀다
  -잘 주무셨수
화상 통화를 하듯 데이터 없는 인사를 한다

살고 죽는 것이 무늬 진
커텐을 젖히는 아침

■□ 해설

상처의 꽃, 혹은 시원始原을 향한 노래
– 박호은 처녀시집의 시세계

황치복

(문학평론가)

1. 이별과 상처, 혹은 인간의 근원적인 존재 조건

박호은 시인의 첫 시집 『모래는 지나온 시간을 덮어버린다』는 부재의 중심으로부터 포획되지 않는 세계 앞에 서 있다. 결핍과 상처 거기에서 시가 도달하고자 하는 어떤 의미를 발견하려고 하는 시의식이 반영되고 있는 것이다.

그리움이 점철된 인생의 역정에서 어떤 근원적인 상처를 찾아보면 거기에는 어머니와의 이별이라는 돌이킬 수 없는 원초적 체험이 놓여 있다. 개체의 탄생이라는 드라마를 담고 있는 오이디푸스 콤플렉스에서 알 수 있듯이 모든 존재자들에게 어머니로부터의 분리 경험은 어쩌면 가장 큰 상처가 될 터인데, 탯줄로 연결되어 있던 모체로부터의 분리는 가장 근원적인 상실과 결핍의 원초적 사건이 될 것이기 때문이다.

  따라서 박호은 시인의 이번 시집은 시적 언어를 통해서 그러한 경계와 간극을 극복하고자 하는 울림이라고 할 수 있으며, 시적 공간에서나마 언어를 통해 어머니를 소환하고자 하는 안타까운 모험이라고 할 수 있다. 다른 관점에서 보면, 이번 시집은 어머니의 지난한 삶을 위로하기 위한 진혼곡이자 어머니의 부재를 견디며 녹록지 않게 살아온 자신을 위로하기 위한 헌사이기도 할 것이다. 그리고 어머니를 위한 송가이자 자신을 위한 노래라는 것은 곧 이번 시집이 어머니와의 이별, 혹은 어머니의 삶에 대한 추체험을 통해서 삶의 가치와 의미를 발견하기 위한 모색이자 탐구의 성격도 지니고 있는 셈이다. 그러면 시인이 주목하는 삶의 다양한 상처의 원인과 그 의미들에 대한 천착으로부터 시작해 보자.

    우리의 처음은

    일출처럼 어둡고

    나의 이별은

일몰처럼 환했다

생의 반나절
질문의 빛이 그랬다

길고 질긴 여름이었다
　　　　　 - 「세수를 하면 검어지는 얼굴」 전문

  시집을 펼치면 처음 만나볼 수 있는 작품인데, 시적 공간이 페시미즘적인 색채로 그려져 있다. "세수를 하면 검어지는 얼굴"이라는 제목부터가 역설적인데, 신체의 묵은 때를 제거하려고 하면 할수록 더욱 오염된다는 인식이 담겨 있기 때문이다. 이처럼 시인은 세계와 인생을 역설적으로 파악하고 있는데, "우리의 처음은/ 일출처럼 어둡고/ 나의 이별은/ 일몰처럼 환했다"는 표현에 그 실체가 고스란히 응축되어 있다. 생성과 만남이 일출처럼 환하고 밝은 것이 아니라 어둡다는 것, 그리고 이별은 일몰처럼 어둡고 안타까운 것이 아니라 환하다는 인식에는 처음부터 세계와 인생이 아름답지 못한 채 전도되어 있다는 생각이 함축되어 있다. 그러니까 시인은 만남과 생성이 아니라 단절과 결별이 우리의 삶을 구원할 수 있다는 생각을 견지하고 있는 셈인데, 이러한 세계관에서 세계를 바라보기에 생명력의 환희가 지배하는 여름이라는 계절 또한 "길고 질긴" 그것이 될 수밖에 없다. 생명력의 분출이란 엇갈린 슬픔과 전도된 삶의 행로를 자아내 힘겹기도 할 것이다.

> 시작은 언제나 끝으로 기운다지만
> 끝을 거스르고 싶은 시작은
> 부풀어 오르는 상처를 키워냅니다
>
> 상처는 깊을수록 따뜻해
> 물집 같은 심장 하나 속눈썹 끝에 맺힙니다
> ― 「이별을 통과하는 모든 것들 속엔」, 부분

> 서로의 우주라고 믿었던 착각
> 영원과 우주는
> 늘 먼 거리에 있다며 사라지는 너
> 문득 찾아온 이별이 낯설지 않아 슬픈
> ― 「불귀不歸」 부분

모든 시작은 끝이 있다는 것, 그러니까 회자정리會者定離의 원리가 시적 주제로 등장하고 있는 첫 번째 작품에서 상처를 키워내는 것은 "끝을 거스르고 싶은 시작"이다. 그러니까 상처란 곧 시작에서 끝을 향해가는 세상의 원리를 거부하는 몸짓에서 부풀어 오르는 것인데, 그렇다면 상처란 곧 인간적인 한계에서 생성되고 부풀어 오르는 것이며, 그러한 점에서 상처란 어떤 점에서 인간의 존재 증명과도 같은 것인지 모른다. 그러하기에 상처는 "깊을수록 따뜻해"서 공감과 원천으로 작동할 수 있고, 동정과 연민을 자아내는 '눈물'과 같은 효과를 발휘할 수 있는지 모른다.

  두 번째 작품 역시 상처란 인간의 한계 상황에서 야기될 수 있음을 강조하고 있다. 우리는 "서로의 우주라고 믿었던 착각" 속에서 살고 있다는 것, 그리고 "영원과 우주는/ 늘 먼 거리에 있"을 수밖에 없다는 것, 그러하기에 우리의 삶은 유한한 세계에서 불완전한 것으로 영위될 수밖에 없으며, 이별이란 그러한 삶에서 언제나 상존하는 것이라는 사실 등이 담담한 어조로 토로 되고 있다. 그러니까 우리는 언제나 "문득 찾아온 이별" 앞에 노출되어 있으며, 그러한 결별로 인해서 언제나 결핍과 부재 속에서 존재할 수밖에 없음을 직시하고 있는 셈이다. 그러한 결핍이 결국 상처를 산출하는 셈인데, 그러하여 상처란 곧 지극히 인간적인 한계 상황의 징표이기도 하고, 그래서 유한한 존재로서의 존재 증명이 되는 것이기도 하다. 시인은 다양한 작품에서 상처의 원인을 탐구하면서 "우리는 처음부터 상처 속으로 걸어가고 있었을까"(「포커페이스」)라고 하면서 상처야말로 우리의 근원적 존재 조건임을 암시하기도 한다.

> 어느 바람이 할퀴었을까
> 나비의 날개에 여러 개의 자상이 그어져 있다
>
> 상처의 빗금을 들추면
> 와르르 무너지는 울음소리(「물의 그늘」)
>
> 그리움이 혈관을 조이는 소리가 들리는지
> 찐득한 전율이 허무를 게워 내며
> 수 없는 자책으로 닦아내던 어제
> 저물녘이면 돋아나는 붉은 상흔
>
>   - 「볼타브 강가에 서면」 부분

시인은 "사과를 노크하면 푸른 멍이 나온다"(「사과를 노크하면 푸른 멍이 나온다」)라고 하면서 사과의 성숙이 푸른 멍의 결과임을 암시하고 있는데, 이러한 시적 구도

는 모든 존재의 근거로서 상처의 존재를 감지할 수 있다. 인용된 시편에서도 나비의 날개는 "여러 개의 자상이 그어져 있"는데, 나비의 날갯짓이 나비의 생존 조건임을 상기하면 나비는 상처로 날아다닌다는 것, 그래서 나비는 곧 상처로 살아간다는 것을 알 수 있다. 두 번째 인용 시에서는 '볼타브 강가'에서 지나온 시절을 반추하는데, "저물녘이면 돋아나는 붉은 상흔"이라는 표현에서 알 수 있듯이, 상처야말로 과거의 시간을 채우고 있는 본질적인 것임을 짐작할 수 있다. "수 없는 자책으로 닦아내던 어제"라는 표현에 주목해 보면, 그러한 상처란 곧 자책으로 일관되는 오류와 미망의 결과물임을 알 수 있는데, 이러한 오류와 미망이 인간으로서 피할 수 없는 근본적인 조건임을 돌이켜보면 상처야말로 숨탄것들의 근본적임을 짐작할 수 있다. 다음 구절도 이를 분명히 해준다.

    소금기 많은 상처는 저절로 아물어 육질의 흉터 꽃을 피워요

    무섭든 징그럽든 그건 중요하지 않죠
    살아나는 법이 흉터 속에 있는 걸
    매끈한 아이들은 눈치채지 못해요

- 「금호동 6—눈물 염전」 부분

"살아가는 법이 흉터 속에 있는 걸"이라는 구절이 상처의 속성과 그 효용성을 응축하고 있다. 그러니까 "흉터 꽃"을 피우는 상처란 생존의 방법을 담고 있는 기제로서 삶의 터전을 제공하고 있는 원리인 셈이다. 상처가 어떻게 삶의 방법일 수 있으며, 삶의 토대가 될 수 있는지에 대해서는 다음 작품이 명증하게 해명하고 있는데, 그것은 삶의 자양분이자 자유의 함의를 지니는 것이기도 하다.

너는, 어떤 이의 녹녹한 마음 밝히려
미완성의 시 한 편처럼 환히 울어준 적이 있나

자기의 고독을 잘라 먹어 본 사람은 안다
황금빛 은행잎이 발밑에서 제 그늘을 지우는 일 따위와
그늘과 함께 지워지는 기억에 대해서

이별이라 말하지 않아도 이미 이별인 것으로
잠시 스쳐간 눈빛의 기억
그 잔열로 마흔아홉 번째 겨울을 견딘다
〈

비워낸 자리에 찾아든 먼지처럼

훅, 불면 허공을 만지다 다시 내려앉는

나는 자유롭게 헐거워지는 시간의 소리

　　　　　　　　－「시간의 소리」 부분

  이 시의 시적 논리에 의하면 모든 살아가는 것들은 이별의 자장 안에 있다. 은행나무는 은행잎을 떨구며 그것과 이별하고, 은행잎은 자신의 그늘을 지우면서 그것과 함께 "기억"과도 이별한다. 그리고 사람들도 "이별이라 말하지 않아도 이미 이별인 것으로"서 이별을 경험하며 "잠시 스쳐간 눈빛의 기억"을 간직한 채 살아간다. 그런데 그러한 이별이 남긴 기억의 잔상은 "그 잔열로 인해 마흔아홉 번째 겨울을 견디"게 하는 자양분으로 작동하며, 그 이별로 인해 비워진 공간은 "자유롭게 헐거워지는 시간의 소리"가 들리는 자유의 여지를 제공하는 역할을 담당한다. 그러니까 이별로 점철된 삶의 행로는 인간의 근원적 형식이자 삶의 근원적 토대로서의 자양분이며, 삶의 무한한 가능성을 제공하는 자유이기도 한 셈이다. 그러나 더욱 중요한 것은 이별과 상처가 사랑의 다른 이름이라는 점에 있다.

2. 상처, 혹은 사랑의 다른 이름

지금까지 편재하는 상처와 그 원인, 그리고 상처의 속성에 대해서 살펴보았는데, 상처란 소멸과 이별이 피워내는 꽃이기도 하며, 인간의 유한한 속성에서 유래하지만, 또한 인간 존재의 토대와 근거를 제공하는 것이기도 했다. 그리고 무엇보다 중요한 것은 삶의 자양분이 되어 주면서 무한한 가능성으로서의 자유를 제공한다는 점이었다. 그렇지만 가장 중요한 것은 그것이 바로 '사랑'의 다른 이름이라는 점이라고 할 수 있는데, 시인이 탐구하는 이별과 상처가 지닌 다양한 속성과 역능에 대해서 살펴보자.

> 움푹움푹 기억이 고여 있는 한강 변
> 들국화 그늘이 떨군 흔적을 줍는다
>
> 새벽 서리가 서걱대며 풀빛을 갉아먹고
> 가을 새떼 강물을 지나며 저물어 간다
>
> 하나의 계절도 머물게 하지 않는 신의 눈
> 〈

이른 봄날 불쑥 터져 나오는 생강나무꽃
계곡을 쓸며 내려오던 물소리
가을날 붉은 상처도 시간 속으로 숨다
하얀 눈 속으로 지워질 것이다

뿌리가 쏘아 올린 꽃의 신음을
우리는 사랑이라 부르며
해독되지 않은 상처에 취한다

독이 퍼지는 속도를 먹으며
지독한 사랑에 중독된다

짙은 향
계절 속으로 사라지는 열꽃, 쓱
놓아버리자
울컥, 하늘로 솟는 이별

속눈썹 끝에 머물다 흩어지는 얼굴

해독되지 않는 향기
머물지 마라!

— 「사랑이라 부르는 것」 전문

"저물어 간다", "시간 속으로 숨다", 그리고 "지워질 것이다"라는 어휘 속에 담긴 이미지들이 쇠락과 소멸의 현실을 암시하고 있으며, 이별의 고통과 아픔 등의 세속적인 원리를 함축하고 있기도 하다. 그리고 "하나의 계절도 머물게 하지 않는 신의 눈"이라는 구절을 통해서 회자정리의 현실을 응축적으로 표현하고 있기도 하다. 시인은 이러한 현실에서 "뿌리가 쏘아 올린 꽃의 신음을/ 우리는 사랑이라고 부르며"라고 하기도 하고, 그것을 "해독되지 않은 상처"라고 은유적으로 표현하기도 한다. 이러한 구절이 예사롭지 않은 것은 바로 앞에서 조락과 소멸의 세상의 이치를 구축해 놓았기 때문이다. 그러니까 뿌리는 조락과 소멸의 현실을 극복하기 위해서 꽃을 피우는 것이며, 그처럼 꽃을 피우는 작용은 바로 사랑이라고 해석되는 것인데, 그것은 또한 독을 품은 상처로 재해석되기도 한다.

우리가 지금까지 주목했던 '상처'의 함의에 주목해 보면, 상처란 해독되지 않는 독이면서 사랑인데, 그것의 구체적 실체는 곧 새로운 생명의 잉태이자 개화라고 할 수 있다. 그러니까 사랑이 상처를 낳고, 상처는 또한 지독한 사랑에 중독된다. 꽃의 잉태가 사랑이자 상처인 이유는 그것이 소멸과 이별의 불가피한 운명을 타고나기 때문일 것이다. 앞서 "영원과 우주는/ 늘 먼 거리에 있다며 사라지는 너"(「불귀不歸」)라고 노래했던 것처럼 영원이라든가 완전한 세계는 언제나 손 닿을 수 없는 곳에 있기에 모든 잉태와 존속은 순간과 찰나의 예술일 수밖에 없으며 이별과 소멸을 예비하고 있기에 그것은 상처일 수밖에 없다. "울컥, 하늘로 솟는 이별"이라든가 "속눈썹 끝에 머물다 흩어지는 얼굴" 등의 표현들이 그러한 결별의 현실을 암시하고 있다. 그러나 시인은 "해독되지 않는 향기"라고 하면서 소멸과 이별에도 불구하고 사랑과 상처가 삶을 감싸고 떠돌 것이라고 암시하고 있다. 우리는 모두 상처의 힘으로 겨우 버텨내는 존재일지도 모른다. 유사한 구도를 지닌 작품을 한 편 더 읽어보자.

> 어둠을 베고 누운 가을밤
> 아직 떠나지 못한 작은 여름 하나가
> 밤새도록 귓가를 배회한다
>
> 잡으려 하면 숨어버리고
> 잊으려 하면 떠나지 않는 너처럼
> 〈

사랑도 아닌 것이
한 번의 키스에 부풀어 오른 속살
욱신거리는 상처가 따뜻하다.

부벼 지우고픈 신열 위에
노란 꽃물 머금은 동백 한 송이 피겠다

괭이잠으로 너를 추적하는 밤
흰 벽에 붉게 얼룩진 너의 죽음은
분명, 내 상처의 흔적이겠지

짧은 만남, 긴 시간 욱신거림은
너의 독이 내 안에 지독히 살아 있기 때문이지

눈 시린 새벽, 죽지 않고 깨어나는 따뜻한 상처들
 - 「작은 여름 하나가—모기」 전문

"욱신거리는 상처"는 물론 모기에 물린 상처이다. 그런데 이 시의 시적 구도에서 모기에 물린 상처는 곧 앞서 인용한 시작품의 "해독되지 않은 상처"이자 중독된 "지독한 사랑"에 대한 은유적 이미지라는 것을 생각해 보면 그 의

미가 예사롭지 않다. 해독되지 않는 상처를 남긴 모기라는 곤충이 바로 "잡으려 하면 숨어버리고/ 잊으려 하면 떠나지 않는 너"라는 존재의 객관적 상관물임을 생각해 보면, 모기에 물리는 행위는 바로 지독한 사랑에 빠지는 사건이 되며, 모기에 물려서 생긴 상처는 바로 해독되지 않는 사랑의 상처가 되는 셈이다. 이러한 구도에서 보면 "아직 떠나지 못한 작은 여름 하나가/ 밤새도록 귓가를 배회한다"는 표현 또한 단순하지 않은데, 모기가 떠나지 못하는 것은 유한한 존재 조건을 극복하려는 하나의 몸짓으로 읽을 수 있기 때문이다. 그러니까 시적 화자는 유한한 실존적 시간을 극복하기 위한 몸부림이라는 사랑에 물린 셈이며, 그렇게 해서 지독한 사랑에 중독된 해독되지 않는 상처를 가지게 된 셈이다.

 "부벼 지우고픈 신열 위에/ 노란 꽃물 머금은 동백 한 송이 피겠다"는 표현을 보면 앞서 인용한 시의 "뿌리가 피워낸 꽃 한 송이"처럼 모기가 만들어낸 "노란 꽃물 머금은 동백 한 송이"는 바로 상처라는 은유적 표현임을 이해할 수 있다. 시적 논리에 의하면 사랑에 중독된 해독되지 않는 상처가 바로 사랑이라는 모기에 물린 상처이며, 그것이 곧 노란 동백 한 송이가 되는 것이기 때문이다. 시적 화자가 "너의 독이 내 안에 지독히 살아 있기 때문이지"라고 하거나 "눈 시린 새벽, 죽지 않고 깨어나는 따뜻한 상처들"이라고 묘사하는 것은 상처라는 것이 중독된 사랑의 흔적이며, 그렇기 때문에 일용할 양식처럼 삶의 자양분으로 작용할 수 있음을 암시하고 있다. 상처란 시간의 파괴적 흐름 앞으로 내던져진 실존적 인간의 소멸과 이별이라는 삶의 형식이 의지할 수 있는 유일한 기제이며, "하나의 계절도 머물게 하지 않는 신의 눈"을 버텨낼 수 있는 희미한 동력일 수 있는 것이다. 그런데 시인에게 가장 큰 해독되지 않는 상처는 어머니와 이별에서 생겨난 상처이다.

3. 사모곡, 혹은 시원을 향한 노래

"거기요/ 들으시나요 나의 세레나데를"(「금호동 4-슬픔도 사치라서」)이라고 노래하고 있는 것처럼 이번 시집은 돌아가신 어머니를 위한 헌사라고 할 만하다. 이번 시집의 거의 대부분의 시편들에는 작고하신 어머니를 위한 회한과 향수가 들끓고 있으며, 많은 비유에 어머니가 등장할 정도로 어머니를 위한 그리움이 넘쳐나고 있다. 예컨대 "달 아래 달 속에/ 젊은 엄마 같은 달이 뜬다"(「스틸 컷」)라는 구절이라든가 "먼 바다 끝 흰 구름 한 점이/ 낡은 치맛자락처럼 너풀거립니다/ 눈에 익은 엄마의 옷은 쉽게 찾아집니다"(「시선 그 끝의 안부」)라는 표현만 보더라도 시인의 모든 관심과 주제의 초점이 어머니로 향하고 있음을 알 수 있다. 하늘의 달은 "젊은 엄마 같은 달"로 의식되며, "흰 구름 한 점"도 어머니의 "낡은 치맛자락"처럼 보이는 것을 보면, 세상이 모두 어머니의 은유물이거나 환유물로 수용되고 있음을 알 수 있다. 다음 작품은 이를 더욱 명증하게 보여준다.

엄마와 살던 방은 늘 따뜻했고 아직도 그럴 거 같아서
언 발을 들여놓는 순간, 미끄러진다. 쉽게 휘발되지 않는
엄마의 살냄새가 방바닥에 흥건했으므로

두려움과 출렁임이 멀미를 몰고 오는 밤
어둠은 오래전 죽은 엄마의 강물 같아서
그 품에 잠기면 다시 깨어날 수 없는 별이 될지도 몰라

어둠은 담장 안 무화과꽃보다 깊다
　　　　　　　　　 － 「금호동 8-페르소나persona」 부분

인간의 감각 중에서 가장 예민한 감각이 후각이며, 그

렇기 때문에 가장 먼저 휘발되는 감각도 후각이라고 한다. 그런데 시적 화자는 어머니가 살던 방에 가니 "쉽게 휘발되지 않는 엄마의 살냄새가 방바닥에 흥건했"다고 고백한다. 영혼을 울리는 감각이 후각이라고 할 때, 어머니의 살냄새는 시적 화자의 그리움을 들끓게 했을 터인데, 그 감각이 무뎌지지 않고 흥건했다고 고백하는 시적 화자의 절절한 내면 심리를 짐작할 수 있다. 더구나 어둠을 "죽은 엄마의 강물"이라고 비유하면서 그것을 다시 "깨어날 수 없는 별"이라든가 "담장 안 무화과꽃보다 깊"은 심연으로 비유하는 것을 보면, 어머니에 대한 그리움의 강도와 깊이를 가늠하기 어렵게 한다. 이처럼 그리운 어머니에 대한 일대기는 다음과 같이 그려진다.

> 하늘을 향하여 동그랗게 뜬 눈
> 입술 위 동백꽃 함빡 풀어놓고 죽은 그녀
>
> 입안에 욱여넣던 소금 삼키기 힘들지 않게
> 봉분 위 속절없는 햇살 한 줄 꺾어
> 묽은 소금국을 끓이고 싶다
>
> 부뚜막 기침 소리 이명처럼 불쑥 찾아들면

참기 힘든 재채기 같은 그리움
슬픔은 유통기간도 없이 소금꽃을 피운다

나의 가을이 붉어지는 건
목쉰 여름이 때 없이 찾아와 울었기 때문이다

함씨 성을 가진 그녀를 위해
나는 동백보다 진한 소금국을 끓인다

— 「함씨 성을 가진 시남 씨」 부분

  목구멍으로 피가 역류해서 숨이 막힐 때, 피가 엉키는 것을 막기 위해 소금을 삼키는 민간요법을 했지만 결국 "입술 위 동백꽃 함빡 풀어놓고 죽"었다는 것, 살아생전에 겪었을 그 고통을 생각하면 가슴이 저려서 "묽은 소금국을 끓"여서 어머니께 바치고 싶다는 것, 이명처럼 어머니의 기침 소리가 들리면 "참기 힘든 재채기 같은 그리움"이 밀려와서 "소금꽃을 피운다"는 것 등의 어머니의 일생과 관련된 저간의 사정을 담담하게 고백하고 있다. 들끓는 정동의 흐름을 억누르면서 차분하게 그 과정을 서술하는 담담한 어조가 더욱 감정의 강도를 느끼게 한다.
  그런데 이 시에서 가장 주목되는 표현은 바로 '소금'의 이미지라고 할 수 있다. 이 짧은 구절 속에서도 소금의 이미지는 다양하게 포진하고 있는데, "입안에 욱여넣던 소금"이라는 표현을 비롯하여 "묽은 소금국을 끓이고 싶다", "슬픔은 유통기간도 없이 소금꽃을 피운다", "나는 동백보다 진한 소금국을 끓인다" 등의 표현에서 소금의 이미지들이 다양하게 그려지고 있다. 다른 시편에서도 "붉은 피의 파편破片 속에 수천 개의 눈/ 찢어진 살 속에서 짠 눈물이 솟았다"(「금호동 2-첫 기일」)라고 하면서 눈물 속에 소금이 이미지를 녹여 놓고 있다. 이러한 소금의 이미지는 물론 어머니가 목구멍으로 역류하는 피를 다스리기 위해 삼키던 소금에서 유래한 것이기는 하지만, 어머니에 대한 시적 화자의 애타는 그리움에 대한 상관물로서 더욱 중요한 기능을 담당한다. 그러니까 소금은 어머니의 환유물이 되어 있기에 소금만 보면 어머니, 혹은 생전에 겪었던 어머니의 고통과 아픔이 떠오르면서 그리움의 정서가 소환되는 것인데, 그것이 소금물이라는 점에서 희석되거나 휘발되지 않고 잔존하는 그리움의 농도를 함축하고 있다.

지금까지의 시인이 구축한 상처라는 이미지의 논리에 의하면 뿌리가 해독되지 않는 사랑으로 꽃을 피우듯이 나는 어머니가 낳은 상처라고 할 수 있을 터인데, 그러한 어머니의 죽음은 해독되지 않는 상처로서 다시금 나에게 각

인된다. 그러니까 모기에 쏘여 돋아난 노란 동백꽃처럼 어머니의 존재는 나의 내면에 중독된 사랑을 심어놓고 떠난 것이며, 그러하기에 시적 화자는 "눈 시린 새벽, 죽지 않고 깨어나는 따뜻한 상처"로서 작고한 어머니의 존재를 떠올리며 일상을 영위하는 셈이다. 다음 작품에 그러한 모습이 그려져 있다.

> 같이 놀던 친구들 하나, 둘 집으로 돌아가고
> 혼자 남은 골목길은 붉은 그늘에 지워졌다
>
> 속울음 덮고 누운 밤
> 마음에서 보내지 못한 엄마의 팔을 감고
> 새우처럼 잠이 들곤 했다
>
> 살아 있는 자가 갑이어서
> 반짝이는 풀꽃들을 모조리 뽑아버리는 효孝
> 뿌리에 묻어나오는 익숙한 살냄새가
> 봉분 뜰에 가득하다
>
> 꽃과 살을 섞고 있는 이 찬란한 연애 앞에
> 헝클어져 흔들리는 애증

오래 끓은 무릎 사이로 풀꽃 하나 다시 심는다

굳이 해석하고 싶지 않았던 이별의 부호
억지스럽게 버텨온 마음이 모를 리 없다
그날처럼 오늘도 산 넘어가는
오래도록 바래지 않는 저 붉은 노을빛은
그리워 그리워 보내지 못한 남은 자의 마음이란 걸
　　　　　　－「금호동 5-이별의 부호」 부분

  같이 놀던 친구들이 돌아가고 혼자 남은 골목길에 드리워진 "붉은 그늘"은 "오래도록 바래지 않는 저 붉은 노을"이기도 하며, 이들은 이 시의 부제인 "이별의 부호"이자 어머니가 시적 화자에게 드리운 상처라고 할 수 있다. 그런데 시적 화자는 독이 들어 있는 상처이기도 한 이별의 부호를 간직하며 살아간다. "마음에서 보내지 못한 엄마의 팔을 감고/ 새우처럼 잠이 들곤 했다"거나 "뿌리에서 묻어나오는 익숙한 살 냄새"에 황홀해하는 모습이 그러한 현실을 암시한다. 특히 "오래도록 바래지 않는 저 붉은 노을빛은/ 그리워 그리워 보내지 못한 남은 자의 마음이란 걸"이라는 표현에서 알 수 있듯이 시적 화자는 그리움이란 상처를 일용할 양식으로 삼아서 살아간다. 부재가 만들어낸 상처는 시적 화자의 "헝클어져 흔들리는 애증"을 자아내면서도 해독되지 않은 사랑으로 남아서 삶에 자양분을 제공하고 있는 셈이다. 해독되지 않는 상처는 어찌하여 시적 화자에게 마르지 않는 샘물과 같이 삶의 동력을 제공하는 것일까? 그것은 세속적 가치가 접근할 수 없는 신성한 의미의 영역으로 시적 화자를 인도하기 때문이다.

나의 바깥에 서서 물의 안쪽을 들여다보면
내 우울을 다독이는 집이 있다
그 감각에 스며드는 따스함

어둡지만 밝고 벗었지만 부끄럽지 않은
아직은 내가 아니던 감각의 분열 중인 나는
시작되었다 더 안전한, 하나의 육체
첫 관계의 순간으로 이끌리던

머리와 꼬리가 모호한 강처럼
아무것도 아닌 듯 무의식으로 흐르는 평온
둥글게 말은 몸이 발화하던 나의 첫 집
〈

완전한 내편이 간절할 때, 나는

바다를 유영하다 회귀하는 연어처럼

다시 돌아갈 암호를 타전하지만

사라진 주소, 껌뻑이는 그리움

소멸하지 않아도 만질 수 없는

나의 최초의 사랑

피의 시원이었던 궁穹을 가지고

지금쯤 어디까지 가셨는가

어머니

— 「시원始原」 전문

  어머니가 시적 화자에게 삶의 에너지를 제공하는 원천일 수 있었던 것은 그녀가 바로 시적 화자에게 "최초의 사랑"이자 "피의 시원이었던 궁穹"이었기 때문임이 제시되어 있다. 어머니는 영원히 "소멸하지 않"는 상징적 기호이며, 최초의 사랑으로서 삶의 의미를 제공하고 있으며, 모든 사건의 발생지이자 원천인 "시원始原"으로서 자리 잡고 있다. 모든 사건의 모태인 시원이라는 시간과 공간의 모습은 어떠한가? 그곳은 "내 우울을 다독이는 집"이 있고,

"그 감각에 스며드는 따스함"이 있는 정서적 영역이다. 그리고 "어둡지만 밝고 벗었지만 부끄럽지 않은" 에덴과 같은 순진과 무구의 세계가 있으며, "아직은 내가 아니던 감각의 분열 중인 나"가 있는 곳으로서 무한한 잠재성과 가능성으로 꿈틀거리는 태초의 시간과 공간이 있다.

또한 그곳은 "머리와 꼬리가 모호한 강"과 같은 시공이며, 그러한 점에서 그곳은 머리가 꼬리를 물고서 돌아가는 신화적 동물인 우로보로스가 지배하는 영역, 곧 시간이 흐르지 않아서 처음과 끝이 구분되지 않는 영원성의 신화적인 공간이기도 하다. 그래서 그곳은 "아무것도 아닌 듯 무의식으로 흐르는 평온"이 있는 곳, 즉 공동체로부터 개체적 분열이 존재하지 않는 집단무의식과 같은 혼연일체의 세계, 세계와 내가 분리되지 않은 채 온전히 하나로 결합되어 있는 그러한 시공이기도 하다. 따라서 그곳은 지금까지의 다양한 이미지들이 응축해서 가리키는 곳, 즉 "둥글게 말은 몸이 발화하던 나의 첫 집"으로서의 자궁과 같은 영역이라고 할 수 있다. 자궁 안에 있는 시적 화자에게는 어떤 분열과 불안, 고통과 결핍이 있을 수 없을 것이다.

그러나 이러한 어머니는 현실에 존재하지는 않는다. 어머니는 최초의 사랑이자 중독된 사랑, 혹은 해독되지 않는 상처로서 시적 화자의 마음속에 존재한다. 그러나 상처로서의 어머니는 "완전한 내 편이 간절할 때", "바다를 유영하다 회귀하는 연어처럼/ 다시 돌아갈" 하나의 상징으로서 시인의 마음속에 영원히 존재한다. 이러한 어머니의 이미지는 시인에게 역설과 아이러니로 점철되어 견디게 하는 힘이 될 것이며, 조락과 소멸, 이별과 결핍의 현실을 버티게 하는 기제로 작동할 것이다. 무엇보다 중독된 사랑이자 해독되지 않은 상처로서의 어머니는 시인에게 앞으로의 삶을 살아갈 의미와 가치를 제공하면서 만질 수는 없지만 소멸하지 않는 영원성의 상징이자 시원始原으로 작동할 것이다.

지성의 상상 시인선 043

모래는 지나온 시간을 덮어버린다

초판 1쇄 발행 2024년 9월 25일

지 은 이 박호은
펴 낸 이 한춘희
펴 낸 곳 지성의 상상 미네르바
등록번호 제300-2017-91호
등록일자 2017. 6. 29.
주　　소 03131 서울특별시 종로구 율곡로 6길 36, 월드오피스텔 802호
전　　화 02-745-4530
전자우편 minerva21@hanmail.net

ISBN 979-11-89298-70-8 (03810)

값 12,000원

* 이 책은 전부 또는 일부 내용을 재사용하려면 반드시 저작권자와 미네르바의 동의를 받아야 합니다.
*이 도서의 국립중앙도서관 출판시도서목록은 서지정보유통지원시스템 홈페이지(http://seoji.nl.go.kr)와 국가자료공동목록시스템(http://www.nl.go.kr/kolisnet)에서 이용하실 수 있습니다.